BUSINESS PLAN

Il Manuale più Completo per Redigere
un Piano Aziendale Vincente e Ridurre al
Minimo il Rischio d'Impresa

FRANCESCO PAPA

ISBN: 978-1689933391

Prima Edizione: Settembre 2019

SOMMARIO

Introduzione.. 1

Business Plan: perchè?... 3

Struttura del Business Plan..................................... 10

Descrivere l'opportunità di Business.................... 14

Executive Summary.. 17

La descrizione del Business.................................... 27

Analisi del contesto imprenditoriale.................... 31

Analisi competitiva.. 37

Analisi di mercato.. 45

Management Summary 50

Operations Plan.. 60

Marketing Plan.. 63

Il piano finanziario 75

Allegati e traguardi 86

Conclusioni 88

Mettiti alla prova 89

Risposte alle domande 93

Disclaimer 95

INTRODUZIONE

Redigere un Business Plan è il primo ed importantissimo step prima di avviare una qualsiasi attività imprenditoriale.

Il tuo obiettivo specifico è quello di fornire una descrizione dettagliata del tuo nuovo prodotto o servizio, e stabilire una concreta strategia per fare successo. Allo stesso tempo, dovrai saper instillare una forte dose di entusiasmo che possa colpire gli investitori e le persone che saranno coinvolte nel tuo progetto. Questo manuale esaminerà i seguenti punti:

- Come va articolata la tua idea di Business;

- Comunicare i tuoi obiettivi ai lettori;
- L'analisi della concorrenza e del mercato;
- La presentazione del tuo Team Manageriale;
- Come capitalizzare la differenziazione del tuo Business dai concorrenti;
- Mettere nero su bianco un piano di marketing convincente;
- Descrivere le operazioni giornaliere della tua azienda;
- Fare previsioni finanziarie azzeccate sul futuro del tuo progetto;
- Come prevenire i problemi che potrebbero verificarsi nel corso del tempo.

BUSINESS PLAN: PERCHE'?

Se stai leggendo questo manuale è perché, molto probabilmente, hai avuto una brillante idea per un servizio o per un prodotto da mettere sul mercato. Ti senti carico, ispirato e pronto per partire: a questo punto, la tua prima sfida è quella di redigere un Business Plan che si rispetti.

Potresti pensare: "Perché dovrei perdere tempo per preparare un piano? Non posso partire direttamente?".

Non cadere in questa trappola. Prestabilire un Business Plan per una qualsiasi attività imprenditoriale conviene per moltissimi motivi: serve a migliorare l'entusiasmo generale del Team, aumentare le probabilità di riuscita, raccogliere il capitale necessario, fondare una società, tracciare la strada e monitorare i progressi del tuo Business nel tempo.

Che tu stia progettando di costruire una nuova società da zero, espandere quella preesistente, o fare uno spin-off aziendale (ovvero creare un nuovo ramo dell'azienda), un business Plan ti darà la possibilità di valutare a 360° il tuo progetto.

E' anche a sua volta un 'opportunità per potenziali investitori, manager o altre figure che ti finanzino per studiare la fattibilità della tua idea e decidere se concederti (anche parzialmente) il credito di cui hai bisogno per finanziare le tue operazioni.

Il tuo obiettivo fondamentale è quello di mettere nero su bianco un piano d'azione che ti possa aiutare a sfruttare al meglio tutte le opportunità, schivare gli ostacoli che troverai nel percorso, e–probabilmente anche in misura maggiore–capire in anticipo quali sono i problemi che potrebbero verificarsi nel tempo.

Questo manuale ti mostrerà il metodo migliore per stendere un discorso persuasivo per presentare la tua idea, spiegandoti passo passo gli elementi necessari per preparare un Business Plan di successo.

Per facilitarti la comprensione, ti guiderò sviluppando il caso di un'azienda immaginaria, che vende servizi su internet, chiamata "Dieta24".

Prima di iniziare - La maggior parte dei Business Plan che ho letto durante la mia carriera professionale si concentravano troppo sui numeri e troppo poco sulle informazioni che interessano davvero ai potenziali investitori.

In fin dei conti, gli investitori più sagaci capiscono perfettamente che le previsioni finanziarie di una start-up o di un'azienda già avviata–soprattutto quelle molto dettagliate, mese per mese e anno per anno–sono frutto dell'entusiasmo e molto difficilmente rappresentano un quadro fedele dei primi anni di attività.

Per questo motivo, ti consiglio di organizzare il tuo Business Plan attorno ad una solida struttura, fondata sui fattori che ritengo fondamentali per una nuova attività imprenditoriale:

• **Le persone:** Il gruppo che gestirà il Business, senza dimenticare l'aiuto dei professionisti esterni in *outsourcing;*

• **L'opportunità:** *A chi* e *che cosa* venderà la tua azienda, se (e quanto) crescerà velocemente, e tutti gli elementi che messi insieme ti metteranno nella corsia di accelerazione sull'autostrada del successo;

• L'ambiente: Una grande fotografia dall'alto sul contesto in cui vuoi operare: tassi di interesse, demografici, inflazione, e così via. Sono fattori che possono cambiare facilmente, ma vale la pena considerarli;

• I rischi e i compensi: Una riesamina su tutto ciò che può andare storto o alla grande, così come una previsione di come il tuo Team potrà reagire di fronte alle diverse situazioni.

Tenendo in mente questi quattro fattori, puoi iniziare a pensare a quali informazioni raccogliere per il Business Plan più efficace che ci sia. Prima di avviare questo lavoro impegnativo, che inevitabilmente ti richiederà diverso tempo, domandati:

• Qual è lo scopo? Se il tuo Business Plan è un progetto interno indirizzato ad un'azienda ricca di risorse, certe sue parti–come ad esempio il piano di Marketing–possono essere tranquillamente più concise e meno sviluppate rispetto alle sue altre sezioni. In questo caso specifico, concentrati sul valore aggiunto della tua idea e fai un'analisi della competizione più approfondita. D'altro canto, se stai usando questo Business Plan per raccogliere il

denaro sufficiente per partire, è tuo compito foca-
lizzare la tua attenzione sull'opportunità imprenditoriale in sé e sul Team che hai in mente;

• **A chi è destinato il mio Business Plan?** Sapere in
anticipo chi leggerà il tuo Piano, e perché lo leggerà, ti farà comprendere meglio quali sono le caratteristiche necessarie per adattare su misura il tuo
lavoro e renderlo il più convincente possibile. Ana-
lizza nel dettaglio, anche grazie all'aiuto di colleghi
o di altri professionisti nel tuo stesso settore, quali
sono le idee di quella persona (o gruppo di persone) circa il problema che vorresti risolvere con il
tuo prodotto o servizio. In più, mettiti nei panni del
tuo capo o (potenziale) investitore e guarda dalla
sua prospettiva;

Il direttivo della tua azienda potrebbe vedere il tuo progetto nel contesto di altre iniziative promosse, così come potrebbe far risaltare alcuni punti in cui è possibile risparmiare risorse o creare nuove possibilità di vendita. Gli investitori vogliono capire fin da subito quando arriverai al pareggio di bilancio, e se il tuo progetto ha un potenziale nel lungo termine;

• **Cosa vuoi fare?** Rifletti un'ultima volta sul tuo scopo finale. Stai cercando di ottenere l'approvazione definitiva, o il supporto dei top-manager aziendali? Punti ad incassare i fondi necessari, o cerchi altri partner di Business? Sei disposto a ripagare il prestito quando disporrai di un *cash flow* costante, o sei favorevole a dividere le entrate con il tuo investitore?

Che informazioni mi serviranno? – Ora che hai organizzato mentalmente le tue idee, devi capire se hai pronto tutto il materiale a portata di mano. La maggior parte di questi documenti sono relativi alle informazioni di natura legale e finanziaria. Per esempio, ti è già stato confermato dal tuo fornitore il costo definitivo per la produzione del tuo prodotto? Hai già discusso con il tuo commercialista sulla forma societaria e regime fiscale più appropriati per il tuo Business?

STRUTTURA DEL BUSINESS PLAN

La più comune delle strutture di un Business Plan che funziona inizia con un riassunto generale dell'idea, e poi prosegue andando avanti con spiegazioni più specifiche: è qui che devi fornire una descrizione molto meditata sugli elementi del tuo Business.

Gli allegati alla fine del piano includono di norma informazioni dettagliate in campo finanziario e i curricula del Team dirigenziale.

La redazione di un Business Plan è un impegno che richiede tempo, dedizione e disciplina. Invece di affrontare tutte le sezioni assieme, procedi con una per volta. Frazionando il lavoro da svolgere in blocchi facilmente gestibili sarai in grado di dividere al meglio il tempo che hai a disposizione.

Durante l'opera, cerca anche qualche input esterno che ritieni affidabile. Discutine con il tuo mentore, con i tuoi partner di Business e i colleghi più lungimiranti di cui disponi, chiedendo loro di individuare lacune nel tuo piano, punti poco chiari e i relativi campanelli d'allarme. Mentre il tuo Business Plan è *in fieri* non aver paura di fare piccoli aggiustamenti e tornare indietro.

La maggior parte dei piani di Business si compongono delle seguenti sezioni:

• **Pagina di copertina:** Deve includere il nome del tuo progetto e le informazioni di contatto tue e dei tuoi partner;

• **Sommario:** Non è altro che un elenco dei punti che tratterai. Cerca di utilizzare in questa parte il linguaggio più facile possibile, in modo tale da permettere ai lettori di scorrere velocemente le pagine per trovare quello che stanno cercando;

• **Executive Summary:** Si tratta di una breve spiegazione del tuo Business in termini formali, dove spiegherai quali sono i fattori per il suo successo;

• **Descrizione dell'attività:** Una panoramica sull'attività imprenditoriale da te proposta;

• **Analisi settoriale:** Dati storici e attuali circa lo stato, le dimensioni, i Trend e le caratteristiche fondamentali del settore di tuo interesse;

• **Analisi della competizione:** Un'analisi dettagliata su quelli che sono e diventeranno i tuoi competitors;

• **Analisi di mercato:** Include una valutazione dettagliata dei tuoi clienti target, dei loro bisogni e le loro informazioni demografiche;

• **Presentazione del Team:** In questa sezione presenterai la squadra che seguirà le operazioni del tuo Business, e spiegherai come queste persone lavoreranno insieme per formare un gruppo efficace e coeso;

• **Piano operativo:** Rappresenta il susseguirsi delle attività giornaliere dell'azienda e le strategie che le guideranno;

• **Piano di Marketing:** La strategia, online e offline, che metterai in atto per vendere il tuo prodotto o servizio;

• **Piano finanziario**: Una sinossi sullo status finanziario attuale della società e le tue proiezioni sul suo rendimento nel tempo;

• **Allegati e traguardi**: Documenti extra per fornire informazioni più dettagliate sul tuo progetto, che allegherai alla fine in modo da alleggerire il corpo della lettura;

Ovviamente, non tutti i Business Plan seguono questa struttura alla lettera: il tuo Piano potrebbe coniugare diverse sezioni, o aggiungerne nuove ed eliminarne altre, sempre per adattarlo alle esigenze dei tuoi lettori.

DESCRIVERE L'OPPORTUNITA' DI BUSINESS

Oramai conosci alla perfezione la tua idea, e proprio per questo potrebbe essere facile perdere di vista alcuni dettagli ritenuti importanti da chi andrà a esaminare il tuo Business Plan.

Assicurati di spiegare minuziosamente come il tuo prodotto faciliti la vita dei tuoi clienti e piazzalo all'interno di un contesto di Business molto più largo e scalabile.

Presentare la tua idea – Persuadi i lettori con la descrizione della tua idea e convincili che la tua sia la soluzione migliore, spiegando come questa sia rivolta a soddisfare un bisogno specifico, e includi i dettagli del contesto nel quale il tuo prodotto o servizio prospererà ed accumulerà introiti nel tempo.

Per ottimizzare il focus sull'identikit del tuo cliente target, poniti queste domande:

- Quale problema del cliente sto semplificando con il mio prodotto/servizio?
- Quale migliore tecnologia/concept voglio offrire ai miei clienti che sia più avanzata rispetto a quella sfruttata dai miei concorrenti?
- Cosa spingerà i miei clienti ad acquistare il mio prodotto e non quello dei competitors?

Anche se non stai cercando di farti finanziare un capitale di rischio, e stai invece puntando a persuadere il tuo capo per avviare una nuova iniziativa aziendale, assicurati che il tuo concept sia di facile comprensione. Se gli investitori o i manager non sono della tua stessa opinione circa la soluzione che hai trovato per il problema che vorresti risolvere, di certo non ti saranno d'aiuto.

Mettiamo caso, ad esempio, che stai cercando di risolvere il problema a causa del quale solamente pochi clienti stanno utilizzando l'app della tua azienda.

La soluzione che proponi è un restyling dell'App volto ad un aumento dell'engagement, ma se i tecnici della tua azienda pensano l'App sia già nella migliore delle condizioni, la faccenda si concluderà con un nulla di fatto. Magari loro potrebbero pensare che la causa di questo problema sia una campagna di Marketing poco azzeccata. Per raccogliere consensi, dovresti dimostrare con evidenza che la causa prima del problema sia quella che sottolinei tu.

EXECUTIVE SUMMARY

L'Executive Summary è una concisa descrizione di cosa sia la tua azienda, dove vorresti portarla, e perché avrà successo. In solo una pagina potrai catturare l'interesse dei tuoi lettori e fare in modo che si formino una prima idea del Business da te proposto.

Essendo l'unica sezione che si legge velocemente, spesso è anche l'unica che viene veramente letta, quindi è fondamentale essere precisi, concisi ed efficaci. Anche se sai che come in ogni Business c'è una determinata percentuale di rischio, spiega perché proprio la tua idea avrà successo e quale sia la tua ricetta magica.

Per darti una migliore idea di come un Business Plan dovrebbe essere, questo Manuale ti presenterà quello di una start-up immaginaria chiamata Dieta24, che opera online nel campo del Fitness e dell'alimentazione. L'inizio e la fine dei paragrafi dedicati ad essa sono segnati con l'apertura e chiusura delle virgolette ("e").

Consideralo solo come un esempio: potrebbero esserci tantissime variazioni valide, dato che un buon Business Plan è fatto su misura per le esigenze dei suoi lettori.

Nella pagina seguente trovi la copertina (che potresti far realizzare ad un grafico), contenente le informazioni di contatto del tuo Team e di aspetto sobrio.

Business Plan "Dieta24 SRL"

Via Francesco Crispi, 21

34126 Trieste

Tel: 040 595963 | www.dieta24h.it

Emanuela Cassano

Fondatrice e Amministratrice Delegata

Email: emanuela@dieta24h.it

Cellulare: 349 8899634

Alyssa Thomson

Direttrice Finanziaria

Email: alyssa@dieta24.it

Cellulare: 320 9896465

Giorgio Castelli

Direttore Tecnico

Email: giorgia@dieta24.it

Cellulare: 366 1036398

Piano redatto nel mese di Gennaio 2020 dal Consiglio Amministrativo

Un Executive Summary ben fatto ispirerà i tuoi lettori e li farà a continuare a leggere per soddisfare la curiosità che hai suscitato.

Una prima bozza dell'Executive Summary ti darà un'idea di massima su quello che dovrai scrivere all'interno del tuo Business Plan, ma ricordati di redigerlo una volta terminata la stesura dell'intero Piano, prestando particolare attenzione a tutti quei particolari che hai modificato proseguendo con il progetto.

L'Executive Summary include solitamente le seguenti parti:

• La **Mission Aziendale**: un paio di frasi per descrivere quello di cui si occupa la tua azienda, la sua filosofia, e qualche piccola previsione sul suo futuro;

• Una concisa descrizione del tuo **settore** e del **mercato** nel quale il tuo Business si inserirà;

• La spiegazione di come sia unica **l'opportunità di Business** che vuoi capitalizzare;

• Il vantaggio che scaturisce dalla **differenziazione del tuo prodotto/servizio** rispetto ai competitors;

• Un resoconto del **potenziale finanziario** della tua idea di Business, così come un rapporto sugli inevitabili **rischi** di capitale;

• La descrizione del tuo **Team** e delle loro rispettive mansioni;

• Informazioni circa le varie **fasi del Business** (in progettazione, in startup, in espansione), il suo **stato finanziario** (sia che tu abbia già raccolto i primi profitti, o che tu debba ancora ripagare i primi prestiti), e la sua **struttura** (azienda, filiale, ecc.);

• Dettagli su **ciò che ti serve**, in modo tale da far capire subito ai tuoi lettori cosa stai cercando di ottenere da loro (denaro, contatti nel settore, etc).

ESEMPIO DI EXECUTIVE SUMMARY

Mission aziendale

Il principio su cui si fonda Dieta24 è quello di cambiare il metodo con cui le donne perdono peso e si mettono in forma usando questi quattro ingredienti:

• metriche basate sui dati,

• psicologia personale,

• contatto con professionisti nel settore,

• supporto della community.

Come funziona

Le clienti indosseranno uno Smartwatch chiamato FitEasy, che traccerà i loro modelli di dieta ed esercizio fisico. Riceveranno anche una sessione in videochiamata privata con un dietologo, un allenatore, e chiunque altro monitori la loro perdita di peso ed acquisizione di massa muscolare tramite le bilance smart dell'azienda.

Grazie alla piattaforma di messagistica e al forum, le clienti potranno conversare con la community formata da migliaia di altre persone, che le supporteranno dal punto di vista morale.

La struttura

Dieta24h SRL opera nel territorio italiano ed è stata costituita a Marzo 2019, con capitale sociale interamente versato pari a 10.000 Euro. La sede legale è situata a Trieste, in via Francesco Crispi 21

Il mercato

Il nostro servizio è particolarmente interessante per tutte le donne molto impegnate, che non hanno tempo per i tradizionali sistemi di perdita di peso e allenamento. Queste clienti target potrebbero essere in sovrappeso e alla ricerca di programmi di dieta, oppure si trovano già in peso forma ma sono alla ricerca di un cambiamento nella routine giornaliera.

Dieta24 promuoverà il suo servizio tramite pubblicità online (con target specifico sui siti web e blog che trattano questi argomenti), e riviste di Fitness ed Healthcare. La società espanderà la sua azione di Marketing grazie ad alleanze strategiche con datori di lavoro, palestre e compagnie di assicurazione.

Il Team

La fondatrice di Dieta24h, Emanuela Cassano, non è alla sua prima esperienza di amministratrice di start-up nel campo del Benessere. Ha conosciuto i suoi soci, Alyssa Thomson, ex analista finanziario presso la Morgan Stanley, e Giorgio Castelli a Milano, quando i tre frequentavano il Master in Business Administration presso l'Università Commerciale Bocconi. Insieme, questo Team operativo si occupa delle operazioni giornaliere ed è proprietario per il 100% di Dieta 24 SRL.

La competizione

Il settore del Benessere e della perdita di peso è molto affollato e altamente competitivo. Il rivale principale di Dieta24 è MenoKal.it, una società che offre servizi all-inclusive. Ciò che differenzia MenoKal.it da Dieta24 è la completa assenza di una community e la conseguente mancanza di un costante supporto emotivo, che i ricercatori ritengono essere una componente fondamentale per una donna che cerchi di raggiungere il suo peso forma ideale.

Altri concorrenti molto conosciuti nel settore sono MelaVerde e DietaNow, che tuttavia si focalizzano maggiormente sull'alimentazione sana rispetto l'esercizio fisico. In più hanno talmente tanti clienti che non possono offrire servizi personalizzati al singolo utente. App come SOSdieta e ContaKilo aiutano invece gli utenti a tenere traccia del cibo e dell'esercizio giornaliero, così come a confrontarsi con gli amici che utilizzano lo stesso servizio. Tuttavia sono servizi pensati per persone che hanno un approccio fai da te alla dieta e al Fitness, mentre invece Diet24 è rivolto a tutti coloro che hanno bisogno di un'assistenza a 360° da parte di esperti in materia.

Dieta24 è l'unico sito che offre servizi personalizzati e programmi di dieta ed esercizio fisico flessibili, così come il supporto utilissimo della nostra community. Uno dei rischi che corre Dieta24 è di vedersi copiato il Business-Model da parte della concorrenza.

Strategia di prezzo

Dal punto di vista dei prezzi, i servizi di Dieta24 hanno un costo simile rispetto a quelli di MenoKal.it, il che li mette maggiormente in competizione, ma la nostra azienda si posiziona al primo posto proprio per i servizi all-inclusive e di qualità che offre ad un prezzo vantaggioso.

Status finanziario

Dieta24 è alla ricerca di un finanziamento di 250.000 Euro, che si aggiungeranno agli 85.000 Euro accumulati grazie ai risparmi del Team dirigenziale. In questo preciso momento, Dieta24 ha bisogno di liquidità in modo da migliorare gli aspetti informatici del sito e permettere di stipulare contratti con dietologi ed allenatori, che rappresentano la maggiore voce di spesa per l'azienda.

Il futuro di Dieta24

La società stima che il fatturato lordo per il primo anno di vendite sarà pari a 3.7 Milioni di Euro, il cui margine al lordo delle tasse è pari al 40%. Secondo le stime, l'azienda andrà in pareggio di bilancio dopo sei mesi di operazioni, e dopodiché inizierà ad investire gli utili per allargare la piattaforma in altri paesi europei.

LA DESCRIZIONE DEL BUSINESS

La descrizione del business è un altro sommario, ma differisce dall' Executive Summary perché fornisce un quadro generale sul futuro della tua attività imprenditoriale. Questa è la sezione del Piano in cui esaminerai i dettagli del tuo Business, e servirà ai potenziali investitori per afferrare il concetto della tua attività e comprendere al meglio il suo valore aggiunto.

Questa parte del Piano deve anche dimostrare come il Business può essere scalabile, grazie all'offerta di nuovi prodotti o attraverso l'espansione oltre i confini nazionali.

Considerala anche come un'altra sezione in cui dovrai spiegare il funzionamento del tuo prodotto/servizio, siccome è possibile che tu stia proponendo qualcosa di talmente inusuale ed innovativo che i tuoi lettori potrebbero anche essere un po' confusi. Ma non disperare! Questo li farà meravigliare del fatto che stai proponendo un'idea straordinaria e che ti differenzi bene dalla concorrenza.

ESEMPIO DI DESCRIZIONE DEL BUSINESS

Dieta24 offre una combinazione unica di monitoraggio per l'esercizio fisico e la dieta quotidiana, oltre ad un approccio cognitivo-comportamentale all'uso di tecnologie all'avanguardia che servono a facilitare il dimagrimento. Il nostro servizio è rivolto alle donne che, avendo una vita molto indaffarata, non hanno il tempo materiale per andare in palestra.

Flessibilità, supporto e perdita di peso mirata sono i tre benefici che vanno incontro alle esigenze del nostro cliente target.

Il nostro servizio funziona in questo modo: quando un nuovo utente si iscrive al nostro sito, riceverà a casa entro un paio di giorni uno smartwatch che serve a tenere traccia dell'alimentazione e dell'esercizio fisico dell'individuo. Tutti questi dati saranno immediatamente caricati all'interno del nostro portale e saranno facilmente consultabili accedendo al proprio account (secondo un'indagine dell'Università Federico II di Napoli, i pazienti in cura dimagrante raggiungono molto più facilmente i propri obiettivi se hanno un feedback immediato tramite la consultazione di un' applicazione).

Sempre tramite il proprio account è possibile prenotare sessioni di video-chat con i nostri dietologi
ed allenatori, ed in più connettersi con migliaia di
altre persone a dieta per poter condividere i propri
risultati e ricevere incoraggiamenti. Oltre a ciò, la
community serve anche a condividere consigli, prodotti e ricette.

L'interfaccia di Dieta24 permette di configurare
pacchetti che consentono di soddisfare le esigenze
di ogni cliente. I nostri utenti possono facilmente:

• Registrarsi ed attivare il proprio piano in meno di
5 minuti, servendosi di un indirizzo E-Mail e di una
carta di pagamento (o di un account Paypal);

• Specificare il proprio obiettivo in termini quanti-
tativi, ad esempio la perdita di 12 kg di massa

grassa (sarà possibile modificarlo in qualsiasi momento);

• Prenotare la propria sessione di video chiamata scegliendo l'orario a sé più congeniale tramite il nostro calendario;

• Scoprire i percorsi di fitness all'area aperta per quando ci si trova in un'altra città, utilizzando la nostra mappa ad-hoc;

• Ricevere suggerimenti per pasti low-carb nei ristoranti della zona grazie all'integrazione con Tripadvisor;

• Partecipare alle sessioni di fitness con un nostro istruttore, utilizzando dei semplici elastici sportivi ed altri piccoli accessori facilmente ordinabili dal nostro sito;

• Personalizzare il proprio piano di allenamento per concentrarsi su determinati gruppi muscolari (dorsali, fascia addominale, glutei, ecc.).

Dieta24h ha anche pensato di espandersi internazionalmente proponendo i propri servizi nel Regno Unito e in Germania, dove i tassi di obesità stanno salendo e sempre più donne coprono ruoli manageriali, ed hanno meno tempo per dedicarsi ad attività come il fitness.

ANALISI DEL CONTESTO IMPRENDITORIALE

Di fondamentale importanza è l'analisi del potenziale della tua idea all'interno del settore e del mercato. Facciamo chiarezza: per **settore** si intende l'insieme delle società che producono e vendono prodotti e servizi. Il **mercato** è il posto (reale o virtuale) dove il prodotto o il servizio sarà venduto.

Il settore, quindi, determina **chi sono i tuoi colleghi** e **chi è la tua concorrenza**, mentre il mercato determina la tua **opportunità** e i tuoi **clienti**.

L'area di intersezione tra settore e mercato rappresenta la tua **opportunità di Business**, che è quel momento in cui i bisogni del cliente incontrano il prodotto o il servizio che fornisci.

Per chiarificare al meglio il contesto della tua opportunità, poniti queste domande:

• Il mercato per il mio nuovo prodotto/servizio è grande? Sta crescendo velocemente?

• Il settore è strutturalmente attraente già ora o lo diventerà in futuro (si intende dal punto di vista delle vendite e della demografia)?

Ti potresti chiedere perché questo contesto imprenditoriale è tanto importante: gli investitori sono alla ricerca di mercati in rapida espansione, proprio perché lì è molto più facile ottenere una quota di un mercato consistente rispetto che in un mercato grande, in cui i soggetti economici sono già ben stabiliti. Oltre a questo, gli investitori più esperti cercano di individuare mercati con alto potenziale nella loro prima fase di sviluppo perché è lì che si possono fare molti più soldi. Di seguito, trovi un esempio di analisi del contesto imprenditoriale, sempre correlato alla startup immaginaria Dieta24.

ANALISI DEL CONTESTO IMPRENDITORIALE

Il settore della perdita di peso e cura dall'obesità, che secondo le stime gestisce un giro d'affari di ben 17 miliardi di euro, include una vasta gamma di prodotti e servizi in queste tre categorie:

• merce venduta al banco, come ad esempio le bevande dietetiche;

• cibi pronti con basso apporto calorico e integratori alimentari;

• i servizi per la perdita di peso, come programmi di dieta, attrezzi per il fitness e operazioni chirurgiche. In questo settore, Dieta24 compete come azienda che offre servizi per la perdita di peso.

Crescita del mercato

I tassi di obesità stanno aumentando in tutto il mondo, ma l'Italia, che detiene il quarto più alto in Europa, è il leader di mercato per aziende di dieta e fitness. L'incremento dell'obesità e del tasso di malattie croniche ad essa associate, come il diabete e gli infarti, stanno accelerando la crescita del settore. Altri fattori che conducono a questa crescita sono: l'aumento dei capitali disponibili, la sempre maggiore stigmatizzazione del peso in eccesso, la crescente consapevolezza dell'importanza della salute e dello sport in generale, e i progressi tecnologici che consentono di tenere traccia dello stile di vita delle persone.

Nel 2012, il settore dalla Salute e Fitness è cresciuto del 6% solo in Italia.

Panoramica sul settore

In Italia il settore della dieta e dell'esercizio fisico include diverse aziende ben consolidate, oltre che diverse decine di concorrenti minori che si contendono una piccola fetta di mercato.

La maggior parte di queste società ha come cliente target le donne a dieta, ma nessuna si è concentrata sulla nicchia composta da donne professioniste ben istruite (si veda l'analisi di mercato).

• **Tendenze emergenti:** Nel periodo successivo alla crisi degli anni scorsi, gli italiani a dieta sono stati attratti da programmi per la dieta quasi interamente gratuiti e orientati al fai-da-te. Lo stesso discorso vale per i prodotti da banco, come pillole dimagranti, libri, piattaforme online per la dieta e le App.

Secondo Altroconsumo, i servizi per le diete attivi su internet valgono 1 miliardo di Euro, una cifra che cresce dell'8% all'anno. I clienti trovano i loro prodotti interessanti perché sono convenienti, facili da usare ed economicamente vantaggiosi, ma la maggior parte di questi non permettono di essere personalizzabili, e proprio per questo non funzionano per tutti.

• **Il punto di forza principale di Dieta24:** La piattaforma Dieta24 è molto allettante per tutte le donne professioniste, che siano in sovrappeso o in forma, alle quali interessa provare qualcosa di più comodo e flessibile per la loro routine quotidiana. Questo target è alla ricerca di servizi personalizzabili secondo quelli che sono i suoi bisogni, e che siano strutturabili conciliabilmente alla loro vita lavorativa molto impegnata.

Le nostre clienti hanno un buon salario e sono ben disposte a pagare qualcosa di più per avere in cambio un servizio premium. Sono motivate e disposte ad ascoltare i consigli di esperti nel settore. Dieta24 unisce le competenze dei nostri esperti alla facilità di accesso e navigazione della nostra piattaforma web, raggiungibile 24 ore al giorno.

• **Barriere all'ingresso nel mercato:** In generale, ci sono davvero poche barriere all'ingresso (come ad esempio requisiti di capitale necessario o tecnologie brevettate) che prevengono dall'ingresso nel mercato di nuove aziende. Di conseguenza, i possibili concorrenti svilupperanno prodotti in competizione una volta che verranno a conoscenza del successo di Dieta24. Anticipando la minaccia di nuovi concorrenti, Dieta24 sta stringendo alleanze strategiche con grandi datori di lavoro, che offriranno in comodato d'uso gratuito il programma ai loro impiegati che viaggiano molto e non hanno la possibilità di andare in palestra e dedicarsi alla propria salute.

Dieta24 crede che questi accordi esclusivi preluderanno efficacemente i potenziali competitor dal raggiungere il target di mercato rimanendo competitivi sul piano dei costi.

La nostra azienda sta cercando di realizzare una nuova futura barriera all'ingresso affermando la propria Brand Identity, grazie ai suoi raffinati smartwatch, in modo tale da distinguersi e farsi riconoscere come una marca affidabile che garantisce alti standard qualitativi.

ANALISI COMPETITIVA

La seconda parte dell'analisi del contesto imprenditoriale è l'analisi competitiva.

In questa sezione devi identificare gli attuali e i futuri concorrenti della tua attività imprenditoriale e
delineare le minacce al tuo successo.

Sia che i tuoi lettori siano potenziali investitori o il
consiglio direttivo della tua azienda, è necessario
che valuti e analizzi i tuoi concorrenti in maniera tale
da pesare la sostenibilità della tua idea. Ecco alcune domande da considerare:

- **Chi sono i tuoi concorrenti?** Ragiona in termini di quali aziende risolvono lo stesso tipo di problemi della tua clientela target. Quali sono i loro pro- dotti/servizi? Quale quota di mercato gestisce ogni concorrente? Tieni bene a mente che alcuni con- correnti potrebbero sussistere anche in un altro set- tore.

Se non ti fosse chiaro questo concetto, un concor- rente di Dieta24 potrebbe essere una ditta che si occupa di intimo modellante: una percentuale di clienti potrebbe rinunciare all'impegno necessario per una dieta e all'allenamento, preferendo acqui- stare speciali indumenti per sembrare in forma.

- **Quali sono le debolezze/ punti di forza dei tuoi concorrenti?** Quali sono le loro strategie di marke- ting? Cosa è stato fondamentale per la loro profit- tabilità? Godono di un'alta Brand Recognition?

• **Cosa differenzia il tuo business?** Come rispondi ai bisogni di un cliente in modo utile e innovativo? Come si differenziano i tuoi prodotti/servizi da quelli che offrono i tuoi competitor? Stai colmando un vuoto per i tuoi clienti che i tuoi rivali non hanno mai considerato?

• **Quali sono le previsioni della concorrenza nel tuo settore?** Quanti sono, allo stato attuale, i concorrenti per la tua attività? Questi ultimi bloccheranno massicciamente l'entrata di nuovi concorrenti? Potrebbero rubarti le idee per migliorare il loro Business (privandoti quindi del tuo personale valore aggiunto)? Chi altro potrebbe essere in grado di osservare e poi sfruttare le stesse opportunità?

ANALISI COMPETITIVA

La competizione nel settore si manifesta in diverse forme. Mentre le aziende di seguito elencate rappresentano una minaccia per Dieta24, nessuna offre lo stesso approccio cognitivo-comportamentale nei confronti delle sane abitudini, come il fitness e la dieta, oltre che ad offrire l'essenziale supporto morale della community.

1. **MenoKal.it** - Il concorrente che marca più stretto Dieta24 è un programma completo di tutti i servizi nel quale i clienti indossano un monitor che traccia l'andamento del loro esercizio fisico e della loro alimentazione quotidiana. Un altro vantaggio è che i clienti possono rimanere in contatto con i dietologi certificati dal sito. Ad ogni modo, l'aspetto negativo è che MenoKal.it manca di una vera e propria community di utenti, che i ricercatori ritengono essere davvero importante: gli studi dimostrano che le persone traggono vantaggio da una comunità online di questo tipo perché fornisce un riconoscimento per i risultati ottenuti, competizione amichevole e sano umorismo. Dieta24 mette a disposizione della sua community un forum, chat-rooms e una sezione dedicata alle video-conferenze.

2. **MelaVerde** - È il vero pezzo grosso nel settore ed è presente anche in altri Paesi europei. Il suo

programma è basato sulla rendicontazione dei pasti e sul supporto della community. Il suo punto di forza è che i membri sono pesati ogni settimana e prendono parte a degli incontri dove trovano incoraggiamento da altre persone a dieta. Il sito usa un sistema che assegna dei punti a ogni cibo e i membri sanno quanti punti devono raggiungere quotidianamente per capire come devono mangiare per perdere peso.

Tuttavia, il problema dell'azienda e che non si è mai adattata alle nuove tecnologie: gli incontri si svolgono offline, e fornisce poca assistenza via internet, il che è molto scomodo per tutte quelle persone che hanno poco tempo a disposizione e non riescono quindi a prendere parte a questi incontri regolarmente.

Inoltre, MelaVerde è così grande ed esteso che non riesce ad offrire servizi di consulenza personalizzabili al singolo utente, quello di cui veramente i clienti hanno bisogno. Al contrario, per noi di Dieta24 le nuove tecnologie sono di fondamentale importanza per il Business Model aziendale. I nostri evoluti sistemi informatici permettono ai nostri clienti di dedicarsi al loro benessere in qualsiasi momento loro preferiscano, 24 ore al giorno.

3. **DietaNow**- Un altro leader nel settore è Dieta-
Now, che fornisce programmi basati sulla limita-
zione di calorie e grassi utilizzando pasti preconfe-
zionati. I membri ricevono settimanalmente sessioni di consulenza One-to-One con il coach che gli
è stato assegnato. Il punto di forza principale dell'a-
zienda è che rende l'alimentazione davvero facile
da gestire per i suoi clienti, tuttavia il servizio è considerato da moltissime persone economicamente
proibitivo e non è d'aiuto per tutti quelli intolleranti
a certi ingredienti. Inoltre, è troppo focalizzato
sull'aspetto della dieta e della perdita di peso. Al
contrario, l'approccio di Dieta24 è a 360° e unisce
la psicologia e la fisiologia in un programma di allenamento e dieta davvero unico nel suo genere.

4. **App gratuite** - Altri concorrenti si sono sviluppati
sottoforma di App gratuite, come ad esempio SO-
SDieta e ContaKilo, ed aiutano gli utenti a tenere

traccia dell'esercizio fisico e della dieta oltre che a fare network con amici e parenti. Questi servizi sono gratuiti e sono rivolti a tutti coloro che hanno un approccio fai-da-te alla perdita di peso. I servizi di Dieta24 sono invece indirizzati a tutti coloro i quali sono alla ricerca di un programma su misura e che desiderano ricevere consigli da professionisti nel settore invece che da amici o blogger.

Se stai cercando di avviare un nuovo programma o un'iniziativa all'interno della tua azienda, dovresti iniziare a parlare con i colleghi che hanno a che fare con il problema al quale tu stai cercando una soluzione, e che quindi possono trarre vantaggio dal tuo progetto. Questo ti aiuterà a sviluppare una panoramica completa sul problema e ad ottimizzare la tua idea per migliorare la soluzione. Questi sono altri punti fondamentali che la sezione in questione deve affrontare:

• **Chi sono i tuoi clienti target?** Quali sono le previsioni di crescita di questo gruppo? Considera il mercato di riferimento da vari punti di vista, come la localizzazione geografica e la sua segmentazione (regione, provincia, comune, quartiere), caratteristiche demografiche (età, sesso, reddito, lavoro, religione), e fattori comportamentali (come i clienti rispondono a questo tipo di prodotti).

• Quali sono le esigenze cruciali dei tuoi potenziali clienti? Sarai in grado di colmarle? Questo gruppo come prende le decisioni di acquisto? Gli acquisti che fa sono dettati da cicli economici o da altri fattori prettamente stagionali? Che "lavoro" sbrigherà il cliente nei confronti del prodotto?

• Perché i tuoi potenziali clienti nel tuo mercato di riferimento acquisteranno il tuo prodotto/servizio? Quali sono le tue soluzioni al problema dei clienti? Che disagio eliminerà il tuo prodotto? In che modo i tuoi potenziali clienti saranno in grado di distinguere i tuoi prodotti da quelli dei concorrenti?

ANALISI DI MERCATO

L'ultima parte della valutazione del contesto imprenditoriale è l'analisi di mercato. In questa sezione focalizzerai la tua attenzione sul tuo **mercato
di riferimento**, inteso come il gruppo di persone o
aziende che acquisteranno i tuoi prodotti/servizi, e
decideranno di rimanerti fedeli perché il tuo Business è in grado di risolvere un loro problema meglio di come lo fanno gli altri.

Qui è dove dimostrerai che c'è veramente un'opportunità all'interno del mercato e che la tua nuova
attività imprenditoriale è in grado di capitalizzarla.

ANALISI DI MERCATO

• **Dimensioni del mercato italiano** - Qualsiasi momento dell'anno si consideri, ci sono ben 11 milioni di persone a dieta in Italia. Generalmente, queste persone spendono all'incirca 1,2 miliardi di Euro in programmi di allenamento e prodotti di ogni genere per la dieta ed il fitness. All'interno di questo settore, le donne ricoprono ben l'85% dei clienti, e rappresentano un gruppo di persone in costante aumento che hanno salari più alti rispetto alla media nazionale.

• **Potenziale mercato internazionale** - Con i tassi di obesità che aumentano vertiginosamente non solo in Italia, ma anche all'estero, i programmi di dieta diventano sempre più popolari. Questo Trend è facilmente riscontrabile nel Regno Unito, dove Dieta24 punta ad espandersi. Uno studio condotto di recente ha dimostrato come le donne britanniche spendono in media 24,400 sterline nel corso della loro vita per mantenere il peso forma.

• **Clienti Target** - Nell'ultimo semestre MelaVerde, che si affida ad un modello in cui gli incontri di gruppo ricoprono un ruolo chiave, e DietaNow, il cui business model è incentrato sui piatti pronti, stanno perdendo di fascino nei confronti della maggior parte delle donne, che si stanno convertendo ai programmi di dieta online ed app di allenamento, siccome questo tipo di servizi è molto più facilmente conciliabile con le loro giornate colme di impegni di lavoro.

In questo contesto, Dieta24 offre un'esperienza unica per questi due target di clienti:

• **Donne professioniste impegnate e in sovrappeso:** Una caratteristica tipica di questo gruppo è che c'è una mancanza di tempo materiale per prendere parte a lezioni programmate, o anche per andare in palestra ed affrontare l'allenamento con una scheda. Di questo sono ben a conoscenza e presumibilmente hanno anche avuto esperienza in passato con i più popolari programmi di dieta, che hanno però trovato poco comodi per quella che è la loro vita lavorativa. Queste donne sono alla ricerca di una soluzione comoda e che abbia un tangibile impatto sulla loro massa grassa. Come gruppo, tendono ad essere molto motivate e nel complesso esperte di tecnologia. Quando devono prendere una decisione, sono mosse dai dati concreti e dall'evidenza scientifica mostrata.

Questo target si fida dei professionisti nel campo e spesso è alla ricerca dei loro consigli (per esempio, ripongono più fiducia nei consigli di una rivista di fitness che gode di una buona reputazione rispetto a spot di televendita).

A causa del loro stile di vita frenetico, hanno provato un certo senso di isolamento non avendo una community di persone con cui condividere le proprie problematiche.

• **Donne professioniste impegnate che sono nel peso forma ma vogliono cambiare la propria routine:** Queste donne sono alla ricerca di metodi per mantenere il loro peso, ma anche per migliorare la massa muscolare e la propria alimentazione quotidiana.

Sono altamente motivate ad apportare modifiche alla loro routine, in modo tale che la propria salute ne benefici. Potrebbero lavorare molte ore al giorno, o spendere il proprio tempo libero per attività che non consentono loro di rilassarsi e prendersi cura di se stesse: non hanno occasioni per andare in palestra, e cercano un programma di allenamento da poter svolgere a casa che porti a risultati concreti, e che soprattutto si adatti alle proprie esigenze (tricipiti molli, glutei fuori forma, ecc.).

Dieta24, con la sua enfasi sul cliente, il supporto degli esperti, la comodità dei suoi programmi e il supporto emozionale (tutta la solidarietà femminile delle donne che hanno a loro volta avuto problemi nel mantenere uno stile di vita sano ed equilibrato) è la scelta più logica per questi due gruppi target.

MANAGEMENT SUMMARY

Chiedi ad un esperto investitore quale pensa sia la chiave per convertire un solido Business Plan in una attività imprenditoriale di successo, e ti risponderà: **le persone che la gestiranno.**

Proprio per questo, molti investitori dicono che il Management Summary è una delle prime sezioni del Business Plan che andranno a leggere: è il team manageriale che rende l'azienda ben armoniosa e dinamica.

Questo Team non include solo le persone che avviano l'attività, ma anche le risorse esterne che forniscono servizi importanti, come avvocati, contabili, fornitori e consulenti. Se chi leggerà il tuo Business Plan è, ad esempio, il dirigente del tuo dipartimento, questa sezione costituisce l'opportunità giusta per dimostrare come il Team che proponi lavorerà insieme prendendosi questa nuova responsabilità.

Senza il Team giusto, nessuna idea di Business si potrà mai convertire da concetto astratto in realtà concreta. Il tuo obiettivo nel Management Summary è di lodare le virtù e le competenze della tua squadra, oltre che a fornire le risposte a queste domande: Che cosa conoscono? Come hanno acquisito queste conoscenze? Quanto sono conosciuti?

Evidenziare le qualificazioni – Il Management Summary dovrà essere completato con i Curricula Vitae dei membri del team che andranno allegati al tuo Business Plan, in modo da alleggerire la lettura ed inserire in questa sezione gli aspetti del loro percorso professionale che ritieni più salienti.

• Dove hanno lavorato i membri del tuo team? Quanta esperienza hanno? Chi sono i loro contatti nel tuo settore? Che lavoro hanno svolto in passato che si ricollega in qualche modo con il Business che proponi?

• Che risultati hanno raggiunto? Dove hanno studiato? Hanno un Curriculum Vitae verificato? Quali conoscenze e abilità speciali porteranno al tuo Business?

• Qual è la loro reputazione nel mondo imprenditoriale? Sono noti per la loro operosità o per il fatto che sono particolarmente dediti al lavoro?

• Sono realistici circa le possibilità di successo del tuo Business? Sono capaci di riconoscere i rischi e affrontare i problemi che potrebbero verificarsi?

Hanno il coraggio di prendere una decisione difficile che inevitabilmente dovranno fare? Chi nel tuo Team è particolarmente lungimirante? Chi invece esprimerà parole di cautela?

• Quanto saranno dediti all'attività imprenditoriale? Cosa li motiva? Cosa sperano di ottenere? Quali benefici puntano ad ottenere?

Per le attività all'interno di una stabile organizzazione, precisa se i membri del Team sono stati inclusi per tua scelta o se sono stati assegnati al progetto. Quali strumenti utilizzerai per motivarli a portare a termine il progetto con successo?

Dimostra che il tuo Team è solido – Dovrai usare la sezione del Management Summary anche per descrivere come ognuno dei membri del team lavorerà per formare un'efficace nucleo, il che a sua volta risulterà in un Business profittevole e di successo. Questo è il momento giusto per dimostrare come il tuo Team sia quello ideale per gestire i rischi e sfruttare al meglio le potenziali opportunità. Inoltre, presta molta attenzione questi ulteriori suggerimenti:

• **Afferma i punti di forza del Team:** Descrivi come le abilità, la conoscenza e l'esperienza dei singoli membri servirà a bilanciare il Team nella sua interezza. Annota cosa ognuno metterà a disposizione

(competenza giuridica, buon rapporto con i fornitori, ecc.).

• **Riconosci le debolezze del Team:** Gli investitori
e gli altri sostenitori vogliono vedere un Team che
abbia un passato di conflitti interni superati e problematiche esterne per raggiungere l'obiettivo che
si sono prefissi. Un Team non collaudato è generalmente considerato come una proposta molto più
rischiosa rispetto ad un gruppo che ha già lavorato
insieme nel passato. Se manca esperienza dal
punto di vista dell'amministrazione o del marketing, o scarseggiano conoscenze tecniche, spiega
come affronterai questa problematica. Se ad esempio nessun membro del Team ha un background in
materia finanziaria, chiarisci il fatto che hai ingag-
giato una ditta di contabilità.

• **Descrivi la filosofia del team manageriale:** Sviluppa una serie di linee guida per orientare il comportamento e il processo decisionale dei membri. Una posizione chiara è un'espressione dei valori dell'azienda e fornisce un esempio di coesione del Team. Pensa ai principi guida del tuo Team e al tipo di leader che vuoi essere, come vuoi prendere le decisioni, fissare gli obiettivi e le ambizioni in modo da garantire la qualità del servizio reso. Prendi in considerazione anche come pensi che clienti e impiegati debbano essere trattati dall'azienda.

MANAGEMENT SUMMARY

I membri del Team - Il team manageriale si compone della fondatrice, Emanuela Cassano, e altri due leader, Alyssa Thomson e Giorgio Castelli.

Emanuela Cassano, fondatrice di Dieta24, ha alle sue spalle una rilevante esperienza professionale e personale. Nasce e cresce a Lugano, studia Economia a Milano. All'università è sempre molto attiva e mantiene un'ottima forma fisica. Dopo la laurea inizia a ricoprire posizioni professionali che le richiedono di viaggiare molto, con la conseguente mancanza di tempo per recarsi in palestra e per seguire una dieta sana. Emanuela si affida una miriade di diete e programmi di allenamento, ma niente sembra funzionare in maniera soddisfacente, soprattutto perché questi piani sono scomodi e non si adattano ai suoi bisogni.

Si mette quindi in contatto con un allenatore esperto, inizia a lavorare da remoto anche con un dietologo, e i risultati non tardano ad arrivare. In quel periodo pensa: "Devo aiutare tutti coloro i quali hanno lo stesso problema che ho affrontato io, facendo loro risparmiare tempo e denaro".

Quando arriva alla SDA Bocconi è molto determinata a trasformare questa idea in un business, perché sa troppo bene che non c'è nessun altro che
fornisca un servizio simile per le donne indaffarate
come lei. Presso la School of Management incontra
Alyssa e Giorgio, ed insieme iniziano a pianificare
quella che sarebbe diventata Dieta24.

Emanuela ha passato la maggior parte della sua
carriera nel mondo delle start-up online ed è consi-
derata un pozzo di idee. Dopo l'MBA, lavora in una
società operante nel mondo dei cosmetici, www.fa-
shionable.it , il cui business model è basato sul fornire prodotti su misura al cliente, quindi sul tono
della pelle, il colore e le dimensioni del volto. Successivamente, lavora come direttrice delle operazioni in un sito di e-commerce di prodotti italiani
negli Stati Uniti, la ItalianaFoods, che aiuta a vendere al gruppo ItalyEat per 30 milioni di dollari.
Emanuela ricoprirà il ruolo di amministratrice delegata, supervisionando le operazioni giornaliere di
Dieta24.

Alyssa Thomson nasce in Inghilterra, a Worthing,
nel West-Sussex. Dopo aver studiato presso la Lon-
don School of Economics, lavora presso la Morgan
Stanley dove si specializza in Equity Investment.

Guadagna una vasta esperienza a livello internazionale, collaborando anche con altre banche di investimenti in Francia e Italia.

Un leader pragmatico che si lascia guidare dai numeri e dai fatti concreti, Alyssa è la direttrice finanziaria di Dieta24. Vegana, si interessa molto di fitness e corre abitualmente per lunghe distanze. Vanta diverse partecipazioni alla maratona di New York. Facendo parte dell'amministrazione di Food4All, una no profit che aiuta i bambini provenienti da famiglie con basso reddito a seguire una dieta varia ed equilibrata, è anche molto sensibile ai problemi correlati all'alimentazione.

Giorgio Castelli, laureato in ingegneria informatica al Politecnico di Torino, è un ex perito della Bio-Care, dove si occupava della progettazione e sviluppo di software per macchinari che producono integratori. Da questa esperienza acquisisce una vasta competenza sui problemi associati all'obesità, quali possono essere l'ipertensione, l'infarto ed il diabete. Ai tempi dell'università è anche istruttore di yoga per potersi mantenere, e gestisce ancora oggi il popolare blog www.universoyoga.it, rivolto principalmente alle donne che si trovano molto spesso fuori casa per lavoro, fornendo loro una lista di ristoranti che servono cibi salutari e palestre nelle maggiori città italiane. Il Blog propone anche una vasta galleria di video-allenamenti, che possono essere svolti anche senza avere alcun equipaggiamento ed in uno spazio molto ristretto, come potrebbe essere una stanza d'albergo. Il suo sito ha più di 10.000 visite al giorno e gestisce una community di 130 mila persone su Facebook. Giorgio, che è noto nel settore come uno dei massimi visionari, è anche segretario presso la AssoTech, una vasta rete di giovani nel settore delle nuove tecnologie. Castelli coprirà il ruolo di direttore tecnico delle operazioni di Dieta24.

L'esperienza del Team – Oltre che alle passate esperienze professionali, i membri del Team hanno già lavorato insieme ad un vasto progetto. I tre, che si sono incontrati presso la Scuola di Direzione Aziendale dell'Università Bocconi, facevano parte dell' Entrepreneurship Club, l'associazione degli studenti-imprenditori del polo formativo. Durante il periodo passato alla guida del sodalizio, il gruppo ha istituito un concorso volto a premiare il miglior Piano Aziendale tra tutte le Scuole di Business in Italia. Emanuela, Alyssa e Giorgio hanno raccolto 200.000 Euro provenienti dai finanziamenti di molte banche d'investimento che credendo nell'associazione, hanno voluto premiare la migliore idea imprenditoriale. Ad oggi questo concorso è ancora attivo ed è fondamentale per il lancio delle migliori start-up ideate dalle menti italiane.

Altre risorse – L'azienda lavora con dietologi, psicologi specializzati nei problemi correlati al dimagrimento, e molti personal trainer liberi professionisti. Sulle questioni giuridiche, il Team lavora a stretto contatto con lo Studio Associato Vanvitelli di Roma, altamente specializzato in diritto commerciale. La struttura organizzativa dell'azienda sarà molto flessibile inizialmente, con ognuno dei membri responsabile del suo lavoro.

Lacune – La lacuna più grande presente in Dieta24 è nelle competenze di marketing e vendita. Il Team ha pianificato di rimediare a questa mancanza stipulando contratti con consulenti ed esperti in materia. Inoltre, Dieta24 si è assicurata la collaborazione con Antonio Guidibelli, professore di Digital Marketing presso l'università di Venezia, che in passato ha collaborato con diversi grandi brand nel settore dell'alimentazione. Il professor Guidibelli si occuperà di pianificare una strategia di marketing vincente.

OPERATIONS PLAN

Fornendo un dettagliato Operations Plan (piano delle operazioni), dimostrerai ai tuoi lettori che hai già preso in considerazione dai più piccoli ai più rilevanti elementi della vita quotidiana del tuo Business. Questo piano ti darà l'opportunità di riflettere a fondo sui possibili impedimenti e di dimostrare la tua comprensione sia dei fattori che aiutano le attività del tuo Business sia di quelli che creano valore per gli azionisti.

Articolare l'attività quotidiana – La sezione dedicata alle operazioni della tua azienda all'interno del Business Plan fornisce un'idea generale del susseguirsi delle attività, e delle strategie per supportarle. Questa parte non deve presentarsi troppo tecnica o così estesa da rendere i lettori non in grado o poco propensi a continuare la sua lettura.

Ricorda che i supporti visivi come classifiche, grafici e prospetti possono aiutarti a presentare chiaramente le informazioni che altrimenti sarebbero troppo confuse. Ti propongo alcuni elementi da tenere in mente:

• **Qual è il tuo punto di pareggio di bilancio?** Il momento nel quale la somma delle vendite corrisponde a quella delle uscite è uno dei traguardi più importanti per una nuova attività imprenditoriale perché identifica la congiuntura a partire dalla quale il Business inizia a generare profitti. Mentre le proiezioni finanziarie di un potenziale Business sono solo ipotesi plausibili, i tuoi lettori staranno cercando qualche indicazione su quando possono aspettarsi un ritorno sull'investimento.

• **Come ti rifornirai?** Qual è la materia prima necessaria per creare il tuo prodotto finito? Quanto ti costa, chi sono i tuoi fornitori, dove si trovano, e per quale motivo li hai scelti?

• **Qual è il tuo processo manifatturiero o di distribuzione?** Come puoi trarre vantaggio dagli avanzamenti tecnologici nell'industria? Sei abile ad organizzare il tuo processo distributivo con una soluzione a basso costo?

• **Dove si svolge la tua attività imprenditoriale?** La tua sede è posta in vicinanza rispetto ai clienti o ai fornitori? Le altre attività che si trovano vicino alla tua si integrano o competono con te? Come sono fatti i tuoi uffici? Ti consiglio di includere una descrizione fisica del luogo con foto, piantine e disegni della sede nella sezione dedicata ai documenti di accompagnamento del tuo Business Plan.

• **Chi lavorerà per te?** Hai a disposizione degli impiegati competenti? Saresti in grado di organizzare degli stage per i neolaureati o per candidati esperti che potrebbero ricoprire posizioni nella tua azienda in futuro? Il tuo Team è stabilizzato (nel senso che i tuoi lavoratori sono legati alla regione dove si trovano e sono disposti a rimanerci anche nel caso di recessioni economiche)? I tuoi impiegati hanno la formazione professionale di cui il tuo Business ha bisogno? Potresti fornire loro delle ore di formazione in azienda per assicurati che abbiano il know-how necessario?

MARKETING PLAN

Il tuo piano di Marketing serve a specificare **in che modo intendi vendere** il tuo prodotto o servizio, ovvero come motiverai i tuoi clienti ad acquistare da te, promuovendo il tuo valore aggiunto. Lo sviluppo di una strategia di marketing coerente e dettagliata aiuta te e la tua squadra a fare un test preliminare delle idee, esaminare le varie opzioni e determinare le strategie che porteranno il Business al successo.

Questa sezione fornisce anche un'ulteriore opportunità per dimostrare come la mission e la filosofia dell'azienda favoriscano sia il successo del tuo piano che un aumento delle vendite.

I tuoi lettori vogliono verificare che tu abbia pensato accuratamente a come il tuo piano di Marketing ti aiuterà a raggiungere anche l'obiettivo di vendite che hai prefisso. Ecco a te i fattori fondamentali da considerare prima di scrivere il piano di Marketing:

- **Concentrati sull'opportunità:** Qual è precisamente il problema del cliente che il tuo prodotto risolve? Per esempio, potresti star migliorando una debolezza del prodotto di un concorrente, offrendo il tuo con determinate caratteristiche che non sono disponibili altrove. Oppure, potresti aver trovato un modo per produrre una bibita gasata senza zuccheri che abbia lo stesso gusto della contropartita ad alto contenuto calorico. Sviluppando una particolare strategia di marketing, poniti nella prospettiva del cliente: il prodotto/servizio che stai proponendo migliora davvero la sua vita?

- **Focalizzati sul comportamento d'acquisto del cliente:** Quando, dove, perché e come il tuo cliente compra il tuo prodotto/servizio? Quali sono le sue priorità? Quali fattori considera prima di acquistare (prezzo, qualità, o altri benefici)? Per esempio, per i clienti sempre a corto di tempo la comodità del servizio prevale sul prezzo, che verrà corrisposto senza troppi problemi.

- **Determina il valore di ogni cliente per il tuo Business:** Pesando il costo dell'acquisizione di un cliente contro il suo valore nel lungo periodo capirai quale strategia di marketing sia più appropriata. I tuoi clienti acquistano prodotti consumabili, come un lucidalabbra o un pc portatile? Stai costruendo un Business che ti garantisca una rendita annua, come una piattaforma di film in streaming il cui abbonamento può protrarsi per anni? O stai vendendo un prodotto durevole che è comprato solo occasionalmente durante il corso della vita, come una lavatrice o un'auto? Devi costruire un senso di fedeltà al marchio, o il tuo prodotto/servizio è l'unico che può soddisfare i bisogni del tuo cliente? Il processo di acquisto ti aiuterà a costruire un legame con il cliente o è finalizzato a terminare la singola transazione, determinando una limitata comunicazione con il cliente e la necessità di efficienza e velocità (come nel caso di un chiosco self-service in una stazione)?

- **Esamina il tuo obiettivo personale:** A quale livello di vendite raggiungerai il pareggio di bilancio, ed entro quando prevedi di farlo? E successivamente, quanto ti ci vorrà per raggiungere un'altra tappa fondamentale per le tue vendite? Per esempio, potresti puntare a raggiungere il pareggio dopo sei mesi di attività e poi ad aumentare le vendite con un tasso del 10% annuo, per poi acquisire il 20% del mercato di riferimento in 6 anni. Quali strategie puoi mettere in atto per raggiungere l'obiettivo prefisso?

Definisci il tuo Mix di Marketing – Il Marketing Mix è la combinazione di alcune variabili controllabili che le imprese impiegano per raggiungere i propri obbiettivi. Il tuo Mix descrive come raggiungerai i tuoi obiettivi di marketing. La tua scelta determinerà:

• come renderai il tuo mercato di riferimento informato della presenza del tuo prodotto;

• come persuaderai i clienti ad acquistare;

• come fidelizzerai la clientela e se sarai in grado di avere un ritorno sull'investimento.

Le tue strategie determineranno anche come posizionerai il prodotto sul mercato rispetto a quelli venduti dai tuoi concorrenti. Il più famoso mix di marketing è quello delle quattro "P": Prodotto, Prezzo, Posto (ovvero la distribuzione) e Promozione. Esaminiamo nel dettaglio:

• **Prodotto (o servizio):** Descrivi la forma del tuo prodotto/servizio, le sue funzionalità, caratteristiche speciali e il design. Come soddisfa in modo singolare i bisogni del tuo mercato di riferimento? Qual è la tua proprietà intellettuale e come la stai proteggendo? Come hai pianificato di sviluppare il prodotto in futuro?

• **Prezzo:** A quale fascia di prezzo venderai il tuo prodotto/servizio? Sarà fisso o subirà fluttuazioni in base alla domanda e all'offerta? È molto difficile stimare quanto le persone siano disposte a pagare per un determinato prodotto, ma il Business Plan serve anche a dimostrare che hai considerato attentamente il sistema di determinazione dei prezzi della tua azienda. Le decisioni sulla politica dei prezzi dipendono da questi due fattori: in primo luogo la sensibilità al prezzo del tuo mercato (e quindi il valore percepito del tuo prodotto) e successivamente i tuoi costi (e di conseguenza i margini). Tieni a mente che potresti dover modificare il prezzo per adattarti alle esigenze di specifici segmenti di mercato, o imporre prezzi alti per le caratteristiche peculiari ed uniche del tuo prodotto.

• **Posto (distribuzione):** In che modo il tuo prodotto sarà portato all'utente finale? Quali canali di distribuzione userai? Come commercializzerai i tuoi prodotti/servizi, in che tipo di negozi? Queste decisioni dipendono dal tipo di prodotto, costo di distribuzione e domanda della clientela.

- **Promozione:** Come comunicherai con i consumatori e informerai dell'esistenza del tuo prodotto? In base alle tue risorse disponibili e al tuo target di riferimento dovrai stabilire il giusto approccio. Vorrai sfruttare l'arma a doppio taglio del passaparola, attraverso il quale i tuoi clienti possono sia lodare il tuo prodotto, sia sconsigliarlo altamente ai loro amici? Avvierai delle iniziative promozionali? Metterai in atto la vendita diretta, oppure opterai per la pubblicità tradizionale, che rafforzerà la tua immagine attraverso messaggi persuasivi diffusi sui mass media o su altri canali (Social Media, ad esempio)?

PIANO DI MARKETING

Il piano di Marketing di Dieta24 è basato sul riconoscimento di due distinte tipologie di clienti: gli **utenti finali**, che si registreranno al programma per la perdita di peso, e i **datori di lavoro** che offriranno i servizi di Dieta24 nel contesto delle loro iniziative per la promozione della salute e del fitness. Questo secondo tipo di clienti offrirà a Dieta24 un modo più economico ed efficiente per raggiungere gli utenti finali e una sorta di barriera all'ingresso per i concorrenti futuri.

Posizionamento – Nei confronti degli utenti finali, Dieta24 si posiziona come un servizio personalizzabile per la perdita di peso e allenamento di alta qualità. Il servizio facilita il dimagrimento mirato sintetizzando i dati sulle abitudini alimentari e sull'attività fisica dei singoli e offre una dieta personalizzata e piani di allenamento. Le clienti potranno anche interagire a loro piacimento con la community composta da migliaia di altre persone a dieta, diversamente dai tradizionali siti per la perdita di peso. Nei confronti delle aziende, Dieta24 si posiziona come uno strumento economico ed efficiente per migliorare la forma fisica degli impiegati, oltre che a rappresentare un servizio utilissimo per tutti i dipendenti che viaggiano molto per lavoro.

Tariffazione – I servizi di Dieta24 sono prezzati poco al di sotto di quelli offerti dal suo concorrente principale, MenoKal.it . Quest'ultimo sito offre il piano base al prezzo di 90 Euro al mese e quello avanzato a 150 Euro al mese. Per quanto riguarda Dieta24, il piano base viene venduto a 70 Euro al mese e quello completo per 130 Euro al mese.

Il Team di Dieta24 sostiene che perseguendo una strategia che dia valore alla convenienza sia il miglior modo per creare una vasta community di utenti a lungo termine, che introdurranno il servizio nella loro quotidianità invece di vederlo come un lusso.

Le tariffe sono state stabilite in scala progressiva, in modo da poter offrire ciò di cui la cliente ha bisogno: al momento dell'iscrizione, la cliente potrebbe volersi avvantaggiare di tutti i servizi di Dieta24, incluse le videochiamate settimanali con i dietologi ed allenatori. Quando la cliente proseguirà e verrà a conoscenza di tutte le funzionalità della piattaforma (e avrà iniziato a perdere peso), potrebbe voler ridimensionare la propria sottoscrizione o incrementarla. L'utente potrebbe, ad esempio, voler contattare il dietologo solo una volta al mese, ma aumentare la frequenza delle sessioni con il personal trainer. Il programma base fornisce all'utente tutti i dati sulla sua nutrizione e l'allenamento, così che possa creare il suo piano personalizzato mirato alla perdita di peso. L'accesso alla community è garantito per qualsiasi tipologia di piano a pagamento.

Il valore aggiunto per il cliente - Dieta24 fornisce alle proprie clienti dei benefici di gamma superiore rispetto a quelli dei concorrenti. Potranno infatti perdere peso ed allenarsi sotto la supervisione degli esperti, in modo comodo e facilmente adattabile al proprio stile di vita, oltre che a ricevere tutto il supporto della community di persone che le comprendano e incoraggino. Per quanto riguarda i clienti aziendali, Dieta24 rappresenta un risparmio significativo, perché le aziende potranno migliorare la salute dei propri impiegati (con la conseguente riduzione delle assenze per malattia), e anche il loro stato d'animo (uno stile di vita sano rende più felici e produttive le persone). I datori di lavoro e le compagnie di assicurazioni sono sempre più interessate ai servizi offerti da aziende come Dieta24. Tanto per citare un esempio, molte ditte hanno fatto grossi ordini di pedometri da distribuire ai loro dipendenti nel quadro delle iniziative per tutelare la loro salute. Inoltre, il personale in procinto di essere assunto potrebbe vedere nella partnership con Dieta24 un fattore positivo per l'azienda che si differenzia dalle altre per l'attenzione nei confronti degli impiegati.

Distribuzione – Siccome il servizio è volto agli utenti on-line, il canale di distribuzione principale di Dieta24 è il sito web (www.dieta24.it). Per poter sottoscrivere un abbonamento è necessario creare un account fornendo un indirizzo email valido ed una password, ed è possibile pagare con una carta di pagamento (credito o debito) oppure tramite Paypal. Sarà possibile cambiare il proprio piano di abbonamento al massimo una volta al mese.

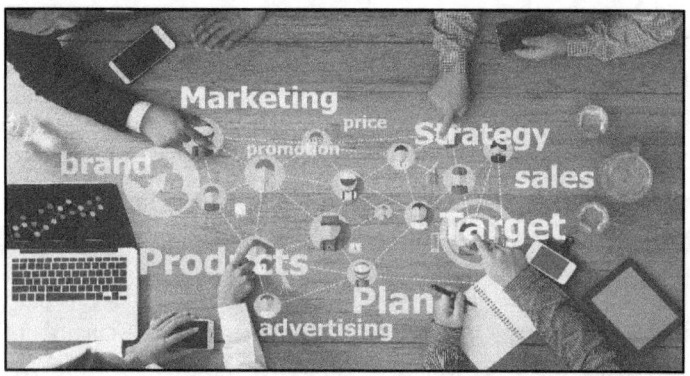

Pubblicità e promozione – La promozione di Dieta24 sarà un processo composto da tre fasi, che utilizzerà figure adibite alle relazioni con il pubblico, pubblicità via web e stampata, l'acquisizione di partner e tecniche per il miglioramento dell'immagine del marchio (Brand Image). Il Team dirigenziale ha pianificato di affidare ad un'agenzia di Marketing il compito di creare e presentare un messaggio coerente e professionale.

La fase uno dovrebbe durare all'incirca dieci mesi, e consiste nell'acquisizione di clienti tramite pubblicità online e carta stampata. I banner online verranno collocati su siti che si occupano di benessere, e cliccandoli il cliente verrà rimandato al sito web di Dieta24, la cui homepage presenterà in maniera chiara tutte le funzionalità dei servizi offerti e dei loro benefici.

La pubblicità realizzata su internet servirà a sensibilizzare i clienti sulla semplicità e convenienza di Dieta24, anche grazie ai testimonial che hanno provato i servizi prima del lancio al pubblico ed hanno conseguito ottimi risultati. La prima fase porrà il proprio accento sulla diffusione del marchio anche sulla carta stampata e tramite la collaborazione con diversi Influencer sui Social Media. Inoltre, ai blogger del settore verrà inviato lo smartwatch FitEasy e una prova gratuita dei servizi in cambio di una recensione veritiera.

La fase due avrà inizio simultaneamente alla fase uno, e si stima che si protrarrà per circa sei mesi. In questo lasso di tempo si punterà ad acquisire partner strategici. Come detto precedentemente, gli obiettivi principali sono le aziende i cui impiegati viaggiano spesso e sono sottoposti a ritmi pesanti. Il Team manageriale considera prevalentemente le ditte in cui la maggior parte dei ruoli dirigenziali sono occupati da donne.

La fase tre inizierà al termine della seconda, e servirà a valorizzare l'immagine del Brand sulle riviste del settore. Oltre a questo, si punterà sull'aumentare la copertura mediatica dei servizi di Dieta24 grazie al blog rivolto principalmente alle donne, che sarà gestito da Alyssa Thomson.

Lo scopo principale della nostra campagna di Marketing sarà quindi il rafforzamento dell'immagine e della reputazione del Brand, in modo da poter acquisire contatti e allargare la clientela.

IL PIANO FINANZIARIO

Il piano finanziario serve a mostrare ai tuoi lettori lo stato attuale e le previsioni future sulla performance finanziaria dell'azienda.

Come è stato osservato nei capitoli precedenti, le proiezioni finanziarie non hanno bisogno di essere eccessivamente approfondite, ma devono essere **mirate ad un obiettivo**: il quadro finanziario che dipingi rappresenta la tua migliore stima sui rischi connessi e sul ritorno sull'investimento, di solito nell'arco di un periodo che va dai tre ai cinque anni.

Nonostante tu possa avere a disposizione i consigli di un esperto in materia, vale la pena ridurre al minimo le informazioni prettamente quantitative all'interno del piano finanziario.

L'arduo lavoro per stilare un conto economico e un bilancio sarà ripagato dal fatto che in futuro sarai in grado di determinare se hai raggiunto gli obiettivi finanziari prefissati o meno. Ti presento gli elementi essenziali di un piano finanziario che si rispetti:

• **Requisiti patrimoniali:** Quanto denaro devi raccogliere? Quanto ti aspetti di ricevere dagli investitori? Come spenderai questo denaro? Va da sé che quando si considera questo aspetto la trasparenza è basilare;

• **Previsioni:** Quali sono le tue aspettative sul tasso di crescita del settore e del mercato? Cosa prevedi per quanto concerne le componenti del tuo Business, come le spese accessorie e fisse, il tasso di crescita delle vendite, il costo del capitale e le fluttuazioni del cash-flow in base alla stagionalità? Le tue ipotesi sono alle fondamenta del tuo piano finanziario, quindi vanno sostenute con prove solide e opinioni di esperti. Includi anche una serie di assunzioni più dettagliate all'interno degli allegati al tuo Business Plan;

• **Conto economico**: Questo documento va nel dettaglio di quelle che sono le previsioni finanziarie della tua attività nei futuri 3-5 anni. Ricordati di inserire tutti i dati delle previsioni di vendita, proiezioni di spesa e il prospetto del tuo flusso di cassa.

I *ricavi* meno il *costo speso* per la merce equivalgono al tuo **margine lordo**. Per Dieta24, ad esempio, il margine lordo è determinato da i ricavi degli abbonamenti meno il costo di gestione della piattaforma informatica e degli smartwatch FitEasy.

I *ricavi* meno le *spese*, gli *interessi* e le *tasse*, sono il **margine netto**. Sempre nel caso di Dieta24, il margine netto è determinato da i ricavi meno le spese informatiche, gli smartwatch, il salario per il team dirigenziale e per i nutrizionisti/personal trainer, le tasse e i costi legati all'advertising.

• **Il bilancio**: È l'espressione degli attivi del Business, dei titoli azionari e delle passività, anche se non dovrai occupartene tu ma il tuo ragioniere.

• **Prospetto del flusso di cassa**: Questo documento serve ad indicare il picco di necessità e di disponibilità del denaro e serve a capire se la tua azienda sta veramente riuscendo a trasformare i profitti in liquidità. Se il tuo nuovo Business è una start-up, presta particolarmente attenzione al *cashflow* (flusso di cassa) nel piano finanziario.

Anche se molte persone mettono al primo posto in classifica gli utili, per una start-up il flusso di cassa è molto più importante di quanto potresti pensare.

Il prospetto del flusso mostra a grandi linee come un'azienda ha ricavato e speso il denaro in un certo periodo di tempo. Le uscite sono viste come cifre negative, mentre le entrate come positive.

Le categorie da tenere in considerazione per questo prospetto sono sostanzialmente le attività operative (denaro generato o speso dal Business), le attività di investimento (soldi spesi per i beni strumentali o altri investimenti, e la cassa in entrata per il rendimento di questi investimenti) e le attività finanziarie (cassa in uscita per ridurre il debito, per riacquisire le azioni o pagare i dividendi, oppure per le entrate dovute a prestiti o alla vendita di azioni).

Il resoconto sul flusso di cassa mostra il rapporto tra il margine netto (che hai calcolato nel conto economico) e la sua conversione in liquidità che arriva sul conto corrente della tua azienda.

Molti dei programmi che aiutano nella preparazione di Business Plan includono già questa formula e risultano molto utili se non sei in grado di prepararti autonomamente queste proiezioni.

Le preoccupazioni dei lettori – Il piano finanziario serve a fornire un quadro più completo sul Business che stai proponendo. Nella preparazione di questa sezione, non dimenticare di prendere in considerazione la prospettiva dei tuoi potenziali investitori o del tuo rigido capo e quindi di anticipare le loro preoccupazioni.

La commissione per gli investimenti della tua azienda potrebbe voler controllare se la tua idea può raggiungere il tasso di rendimento target per tutti i progetti, che viene solitamente imposto dai piani alti. Dall'altro lato un qualsiasi investitore, come potrebbe essere una madre di famiglia, vuole sapere quanto ricaverà dal suo investimento.

Una qualsiasi banca, prima di concedere credito, necessita sempre di sapere quanto denaro puoi effettivamente prendere in prestito per essere poi in grado di restituirlo. Andiamo a vedere quali altre sezioni sono solitamente incluse nel piano finanziario.

Calcolo del punto di break-even – Come abbiamo visto precedentemente, il pareggio di bilancio è un punto cruciale per ogni Business, siccome determina il momento in cui quest'ultimo inizia a essere profittevole. In quale momento ti aspetti che la tua azienda inizi a generare utili? Ci vorranno sei mesi o due anni? La formula per calcolare il punto di break-even è questa:

$$\frac{\text{COSTI FISSI}}{(\text{VENDITE - COSTI VARIABILI}) / \text{VENDITE}}$$

I costi fissi sono, in buona sostanza, tutte quelle spese che non cambiano alle fluttuazioni dei volumi di vendita (come per esempio l'affitto dei tuoi uffici), mentre invece i costi variabili cambiano in proporzione alle vendite effettuate (il costo delle materie prime è il miglior esempio).

Spesso mi è capitato di trovare il calcolo del punto di breakeven negli allegati di un Business Plan, quindi sentiti libero di decidere se includerlo lì o nel piano finanziario.

Valutare i rischi e la ricompensa – Un grafico rischio/profitto può mostrare molto rapidamente ai tuoi lettori quelle che sono le possibilità di fallimento, di profitto e di successo fenomenale. In fin dei conti, misurare gli ipotetici profitti di un investimento senza misurare anche il capitale di rischio necessario per generare questi profitti sarebbe un calcolo senza alcun senso.

Il risultato più probabile è indicato nell'area al di sotto della curva a campana, che spazia da un accettabile potenziale rendimento del 15%, al più probabile 30% al sempre potenziale 45%. Ovviamente il tasso di rendimento deve essere direttamente proporzionale al rischio che l'investitore si assume, in modo da controbilanciare le possibilità di fallimento.

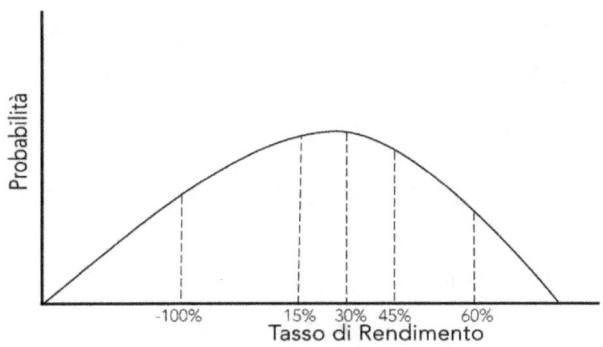

PREVEDERE IL RENDIMENTO FINANZIARIO –
Gli investitori vogliono anche sapere quale sia il
rendimento finanziario stimato, quindi sia il ROI (ritorno sull'investimento), sia l' IRR (tasso interno di
rendimento).

Per un progetto interno, il rendimento finanziario
deve superare il famoso **tasso di rendimento target** per poter far continuare la lettura del tuo Business Plan da parte del tuo capo. Per una start-up
che è quasi una scommessa, gli investitori richiedono logicamente un rendimento molto più alto a
causa dell'elevato rischio di perdere il capitale in-
vestito.

Per calcolare il **ROI**, dividi il *risultato operativo* (ovvero i guadagni prima degli interessi e delle tasse)
per il *totale dell'investimento* (al netto degli am-
mortamenti e degli accantonamenti). Per esempio,
con 30 mila euro di risultato operativo e 300 mila
euro di investimento, il ROI sarà pari al 10%. Maggiore sarà il ritorno sull'investimento, maggiore
sarà l'efficienza dell'azienda nell'uso del suo capitale per generare ulteriori profitti.

Per quanto riguarda il tasso interno di rendimento,
il metodo più facile per trovarlo è quello di utilizzare
un foglio di calcolo, in modo tale da poter inserire i
tuoi valori e modificarli. Per esempio, per ottenere

un **IRR** pari al 50%, che un investitore si aspetta per un investimento rischioso, usa la seguente formula:

$$\text{Montante} = \text{Investimento} * (1+0.5)^n$$

dove "n" è il numero degli anni da aspettare per avere il ritorno sull'investimento.

Piano di uscita – Il tuo Business Plan dovrà anche offrire una proposta per liquidare i tuoi investitori.

I creditori solitamente si aspettano che le aziende sviluppino una serie di vie percorribili nel corso degli anni. Il tuo piano di uscita potrebbe ad esempio includere la quotazione in borsa, l'accorpamento della tua azienda con un'altra o la sua messa in vendita

PIANO FINANZIARIO (ESTRATTO)

Dieta24 mira a raccogliere la cifra di 250.000 Euro. Secondo le stime attuali, l'azienda crede che questa cifra, aggiunta agli 85.000 Euro raccolti attraverso i risparmi del team dirigenziale, saranno sufficienti per realizzare questo Business Plan. Se Dieta24 sarà in grado di raggiungere questa cifra, il Business riuscirà a finanziare tutte le operazioni, le campagne di marketing e lo sviluppo dei suoi prodotti nei primi sei mesi di attività.

Il team dirigenziale intende usare l'importo complessivo di 335.000 Euro in questo lasso di tempo, nel modo di seguito elencato:

- 100.000 Euro per le campagne di Marketing;
- 80.000 Euro per lo sviluppo della piattaforma web;
- 80.000 Euro serviranno per pagare gli anticipi dei contratti per i dietologi e i personal trainer;
- 50.000 Euro sarà il capitale operativo;
- 25.000 Euro serviranno per la programmazione e la fabbricazione degli smartwatch.

Riepilogo delle proiezioni finanziarie – Il piano finanziario proietta per il primo anno di vendite 3.7 milioni di Euro di fatturato, il cui margine lordo è pari al 60% e quello netto al 40% prima di tutte le accise fiscali. L'azienda si aspetta di iniziare a generare utili dopo sei mesi di operazioni, e successivamente continuare a essere profittevole. Le altre spese sono già state preventivate come una percentuale simile a quella di altre aziende nel settore.

I risultati delle previsioni finanziarie sono sintetizzati in questo schema:

	2019	2020	2021	2022	2023
Fatturato	3,75 Mln €	5,65 Mln €	7,32 Mln €	9,94 Mln €	12,42 Mln €
Risultato Operativo	1,51 Mln €	2,37 Mln €	3,07 Mln €	4,17 Mln €	5,34 Mln €
Margine Operativo Lordo	40%	42%	42%	42%	43%
Utile Netto	1,51 Mln €	2,37 Mln €	3,07 Mln €	4,17 Mln €	5,34 Mln €
Margine Netto	40%	42%	42%	42%	43%

Supposizioni – Le proiezioni finanziarie sono basate sulle correnti stime nel settore dell'healthcare e tengono conto della spesa media dei clienti, della penetrazione nel mercato di Dieta24 e della crescita delle vendite nel tempo.

Le entrate comprendono il denaro risultante dall'iscrizione di nuovi utenti e la vendita di servizi extra. Le spese di marketing e di vendita includono i costi pubblicitari, delle promozioni e dell'onorario per l'agenzia di Marketing che coadiuva Dieta24.

L'azienda cercherà di lavorare con le spese generali ridotte al minimo, e il Team dirigenziale non percepirà alcuno stipendio per il primo anno di attività.

ALLEGATI E TRAGUARDI

Gli allegati si posizionano alla fine del Business Plan, e servono a fornire informazioni supplementari per il lettore senza che pesino troppo durante l'esposizione del piano, così da rendere anche più scorrevole la lettura. In questa sezione il più delle volte si accodano una serie di documenti di natura economica di cui abbiamo parlato nel capitolo riservato al piano finanziario (il conto economico, il prospetto di flusso di cassa e i bilanci), le specifiche tecnologiche per la produzione e i Curricula Vitae di ogni singolo membro del Team dirigenziale.

I traguardi – Un piano sulle tappe fondamentali è utilissimo per fornire ai tuoi lettori una tabella di marcia che porterà al successo del tuo Business. Sviluppa un programma ambizioso ma comunque fattibile, e concediti del tempo extra per poter gestire al meglio eventuali imprevisti: più sarai credibile nel considerare tutti i fattori di successo e di rischio e più sarai appetibile agli occhi dei tuoi investitori.

Includi solamente gli eventi principali (non andare troppo nello specifico e nello step-by-step) e scegli dei traguardi che siano facilmente definibili e misurabili, come ad esempio "sviluppo di un prototipo" o "installazione del sistema informatizzato", così come "primi 1000 clienti". Va da sé che ti conviene usare date generiche e non precise al minuto.

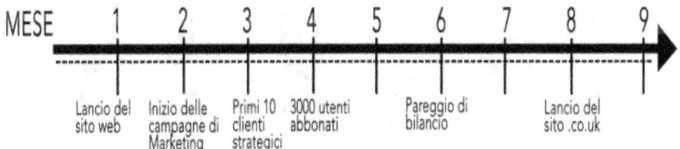

CONCLUSIONI

La redazione di un buon Business Plan è un elemento fondamentale per un'attività imprenditoriale che abbia successo nel lungo periodo.

Tuttavia, i documenti che preparerai inizialmente non devono assolutamente essere abbandonati: quando avrai completato la fase di pianificazione, aggiorna il tuo Business Plan in modo da poter monitorare i progressi. Facendo riferimento al tuo piano in corso d'opera, sarai in grado di determinare se le tue previsioni iniziali erano fondate e si sono realizzate.

Questa revisione contante del Business Plan sarà utilissima anche per anticipare i problemi che potrebbero verificarsi e trovare una soluzione prima che sia troppo tardi. In più, potrai aggiornare i tuoi creditori sullo stato di avanzamento e continuare a sviluppare e migliorare la tua azienda.

METTITI ALLA PROVA

Di seguito troverai dieci domande per valutare il tuo apprendimento e capire se sei pronto a redigere un Business Plan. Le risposte e le relative spiegazioni si trovano alla fine del test.

1.Quale di queste sezioni serve a descrivere l'essenza del tuo Business, la sua filosofia, la mission aziendale e le prospettive per il futuro?

    a. Executive Summary

    b. Piano di Marketing

    c. Piano Operativo

2. Per far colpo sui potenziali investitori, è appropriato inserire nel Piano una proiezione finanziaria dettagliata e sviluppata mese per mese e per almeno 10 anni di attività:

    a. Vero

    b. Falso

3. Confrontare il costo dell'acquisizione di un cliente con il suo valore a lungo termine aiuta a:

a. Decidere quale sia la migliore strategia di Marketing

b. Sviluppare il piano operativo

c. Capire meglio le strategie di vendita dei tuoi concorrenti

4. Un buon Management Summary è un allegato ai Curricula Vitae del tuo team manageriale:

a. Vero

b. Falso

5. Uno strumento finanziario che serve a comprendere in che momento ci si aspetta che il tuo Business vada in pari è:

a. Il grafico Rischio/Ritorno

b. Il prospetto del cash-flow

c. L'analisi del Breakeven

6. Quando stai studiando le previsioni sulla competizione nel tuo settore, è saggio considerare:

a. Chi altro potrebbe osservare e sfruttare la tua opportunità per trarne beneficio

b. Se i tuoi concorrenti minacciano la tua attività

c. Le barriere all'ingresso nel mercato impo-
ste dai tuoi competitors

d. Tutti gli elementi sopracitati

7. È consigliabile redigere la sezione dell'Executive Summary dopo tutte le altre:

a. Vero

b. Falso

8. Quando stai sviluppando i traguardi del tuo
Business, è consigliabile fare tutto quello che se-
gue, tranne:

a. Usare date esatte

b. Includere gli eventi principali e non un
programma step-by-step

c. Lasciare del tempo vuoto per gli imprevisti

d. Essere ambiziosi

9. Il bilancio è:

a. L'espressione degli attivi e dei passivi
dell'azienda

b. Un prospetto che mostra i periodi di picco
in cui si necessita denaro ed in cui si ha flusso
di cassa

c. Un sinonimo per conto economico

10. Quale di queste informazioni va inserita nell'Operations Plan?

a. La sede dei tuoi uffici

b. Chi sono i membri del tuo Team

c. Il conto economico

RISPOSTE ALLE DOMANDE

1: A. L' Executive Summary è una descrizione concisa di cosa sia la tua azienda, dove vuoi che arrivi e perché avrà successo. Questa sezione serve principalmente per catturare l'attenzione dei tuoi lettori, per questo è anche importante includere la mission aziendale.

2: B. Fai attenzione a non dare troppo spazio ai numeri trascurando le informazioni che interessano davvero ai potenziali investitori. Le proiezioni finanziarie sono alla fin fine frutto delle tue speculazioni, per questo non ha senso andare troppo nel dettaglio, facendo perdere tempo ai tuoi lettori.

3: A. Capire quanto ti costa acquisire un cliente e poi commisurare questa spesa al valore che trarrai al lungo termine di questa acquisizione serve a decidere la strategia di marketing più appropriata.

4: B. È esattamente l'opposto: i Curricula Vitae sono da inserire alla fine del Business Plan, come allegati del Management Summary.

5: C. Il punto di breakeven equivale al pareggio di bilancio ed indica il momento a partire dal quale la tua attività inizia con tutta probabilità a generare utili.

6: D. Considera anche che i concorrenti tendono a riconoscere molto facilmente gli elementi che ti differenziano e in poco tempo saranno pronti ad appropriarsene.

7: A. L'Executive Summary dovrebbe essere una concisa presentazione dei punti principali del tuo Business Plan, e per questo motivo è meglio redigerla alla fine, una volta completato il progetto ed esplorate tutte le sue possibili evoluzioni.

8: A. È altamente sconsigliabile usare date precise per prefiggere i traguardi aziendali, perché non lasciano spazio ad eventuali contrattempi e imprevisti. È meglio essere generici, parlando di mesi se non di anni interi.

9: B. Il bilancio serve a riepilogare gli attivi e i passivi di un'azienda. Gli attivi sono le operazioni che portano denaro in cassa, mentre i passivi sono somme da pagare.

10: A. All'interno dei tuoi uffici avranno luogo le decisioni e verranno gestite le operazioni giornaliere, per questo è anche importante descriverlo come un posto accogliente e funzionale.

DISCLAIMER

Tutti i marchi registrati e loghi citati in questo libro appartengono ai legittimi proprietari.

L'autore non pretende né dichiara alcun diritto su questi marchi, citati solo a scopo didattico.

Sebbene i contenuti di questo libro vengano periodicamente aggiornati e modificati, l'autore non può escludere che al loro interno vi possano essere errori e/o omissioni che in qualche modo mettano in dubbio la correttezza delle notizie fornite.

L'autore in questo caso non si ritiene in alcun modo responsabile di eventuali danni conseguiti a quanto pubblicato. Anche l'elaborazione dei testi, seppure curata con scrupolosa attenzione, non può comportare specifiche responsabilità per involontari errori o inesattezze.

APPUNTI